marcos freitas

und sonst nichts

und andere gedichte

die ausgewählten gedichte von marcos freitas:

dual-anthologie (portugiesisch - deutsch)

übersetzt von Marcos Freitas (deutsch)

Januar 2021

NOTA DO AUTOR E TRADUTOR

A tradução poética ou "transcriação", para usarmos uma expressão cunhada pelo ilustre poeta e tradutor Haroldo de Campos, constitui na difícil tarefa de levar para a língua de chegada o impacto e a inventividade do poema na língua original. Partindo desse pressuposto, é fácil reconhecer a necessidade de se ter um conhecimento aprofundado, tanto da língua original quanto da língua de chegada.

Os poemas desta antologia foram escritos originalmente em português e foram selecionados pelo autor e tradutor, dentre os poemas de quatro de seus livros publicados: *Raia-me fundo o sonho tua fala (2007); Sentimento Oceânico (2015); de arrodeios (2017); estribilho |: a propósito de tudo :| (2019)*. São, portanto, ao todo, 61 (sessenta e um) poemas, que pretendem enfeixar uma visão dessa segunda fase do poeta. Pretende-se, com isso, levar ao público de idioma alemão, um primeiro contato com a poesia do poeta contemporâneo brasileiro Marcos Freitas.

HINWEIS DES AUTORS UND ÜBERSETZERS

Die poetische Übersetzung oder „Transkreation", um einen Ausdruck zu verwenden, der vom berühmten Dichter und Übersetzer Haroldo de Campos geprägt wurde, stellt die schwierige Aufgabe dar, die Wirkung und den Erfindungsreichtum des Gedichts in die Originalsprache in die Zielsprache zu bringen. Basierend auf dieser Annahme ist es leicht zu erkennen, dass gründliche Kenntnisse sowohl der Original- als auch der Zielsprache erforderlich sind.

Die Gedichte in dieser Anthologie wurden ursprünglich in Portugiesisch verfasst und vom Autor und Übersetzer unter den Gedichten von vier seiner veröffentlichten Bücher ausgewählt: *Raia-me fundo o sonho tua fala (2007); Sentimento Oceânico (2015); de arrodeios (2017); estribilho |: a propósito de tudo :| (2019)*. Daher gibt es insgesamt 61 (einundsechzig) Gedichte, die eine Vision dieser zweiten Phase des Dichters enthalten sollen. Damit soll der deutschsprachigen Öffentlichkeit ein erster Kontakt mit der Poesie des zeitgenössischen brasilianischen Dichters Marcos Freitas vermittelt werden.

POEMAS DOS LIVROS:

Raia-me fundo o sonho tua fala, 2007.

Sentimento Oceânico, 2015.

de arrodeios, 2017.

estribilho |: a propósito de tudo :|, 2019.

"I balanced all, brought all to mind"

W. B. Yeats

GEDICHTE AUS FOLGENDEN BÜCHERN:

Ihre Rede berührt zutiefst meinen Traum, 2007.

Ozeanisches Gefühl, 2015.

bypässen, 2017.

refrain |: über alles :|, 2019.

"I balanced all, brought all to mind"

W. B. Yeats

NA TARDE QUE SE AVIZINHA

sejamos eternos, querida,

mesmo na plenitude de nossa ira.

chega de nossos discursos prontos,

não suportamos mais esperar o fim do verão.

estranhamos, em silêncio, conselhos dos mais velhos.

tentamos, inutilmente, reler os jornais passados;

o que buscamos nas páginas surradas?

a paisagem se adensa na geografia das ruas

de nossa cidade desconhecida.

mergulhemos no assombro de nosso desejo;

é sempre possível a palavra mais pura e límpida, querida,

mesmo fora de nosso dicionário.

o cheiro do feijão, em panela de ferro,

reacende o fogo de lenha da imaginação: o relógio da manhã.

herdeiros de nossa própria memória,

divisamos a rua de nossa fraqueza e ausência, na tarde que se avizinha.

o leito seco do rio aguarda a estação chuvosa nas cabeceiras;

depositemos, pois, iguarias e provisões na vazante de nossas horas.

sejamos eternos, querida,

mesmo na finitude de nosso dia.

AM NÄCHSTEN NACHMITTAG

lass uns ewig sein, meine liebe,

sogar in der Fülle unseres zorns.

genug unserer reden,

wir können es nicht ertragen, auf das ende des sommers zu warten.

wir verdächtigen stillschweigend den rat der ältesten.

wir haben rücksichtslos versucht, die alten magazine noch einmal zu
lesen;

wonach suchen wir auf den schäbigen seiten?

die landschaft wird in der geographie der straßen dicker

unserer unbekannten stadt.

tauchen wir ein in das erstaunen unseres begehrens;

das reinste und klarste wort ist immer möglich, meine liebe,

auch außerhalb unseres wörterbuchs.

der geruch der bohnen in einer eisenpfanne

entzündet das holzfeuer der phantasie: die morgenuhr.

erben unserer eigenen erinnerung,

sehen wir die straße unserer schwäche und abwesenheit am
kommenden nachmittag.

das trockene flussbett erwartet die regenzeit am oberlauf;

lass uns also im dunkel unserer stunden delikatessen und proviant

zusammenstellen.

lass uns ewig sein, meine liebe,

sogar in der endlichkeit unseres tages.

ESGARÇADA NOITE

a esgarçada noite

derramou-se em dia

filtrado na sua pele-luz

e no seu sabor avassalante

que sei eu

da fendida noite sobre seu corpo?

varrendo eternidade destilo canto sobre

seu ventre

inauguro momentos

descrevo instantes

segredo pensamentos

a esgarçada noite fez-se dia

em rodopios de amores

ZERSTÖRTE NACHT

die ausgefranste nacht

strömte in den tag

gefiltert auf deiner hellem haut

und in seinem überwältigenden geschmack.

was weiß ich

über die gespaltene nacht über deinem körper?

ich fege ewigkeit und singe über

deinem leib

ich eröffne momente

ich beschreibe augenblicke

ich verstehe gedanken.

in liebeswirbeln wurde die ausgefranste nacht

zum tag

TRILHAS E ARVORISMO

terras batidas

de estradas lindeiras.

por teu cerrado ser

trilho as tortuosas verdesveredas

de árvores retorcidas

e saudades áridas.

teu corpo,

em borbotões de nuvens,

reflete o céu azul.

aos teus altos planos,

arvoro-me.

SPUREN UND BAUMKLETTERN

land der eckstraßen

mit füßen getreten.

durch dein dichtes wesen

folge ich den gewundenen savannen

von verdrehten bäumen

und trockenes heimweh.

dein körper

reflektiert in wolkenblasen

den blauen himmel.

vor deine hohen ebenen

verneige ich mich.

DIA E HORA

a manhã derramou-se em dia

dia de sol: soberba luz em teus olhos azuis

tem-se o dia e a hora

em que se abre ou fecha a porta

tem-se o dia e a hora

em que não mais se rega a horta

tem-se o dia e a hora

em que nada mais importa

a manhã derramou-se em dia

dia de sol: soberba luz em teus olhos azuis

TAG UND STUNDE

der morgen war voller tag

sonniger tag: herrliches licht auf deinen blauen augen

es gibt einen tag und eine stunde

in dem die tür geöffnet oder geschlossen wird

es gibt einen tag und eine stunde

in dem der garten nicht mehr bewässert wird

es gibt einen tag und eine stunde

in dem nichts anderes zählt

der morgen war voller tag

sonniger tag: herrliches licht auf deinen blauen augen

AH! SE EU PUDESSE!...

ah! se eu pudesse!

subiria a serra, sumiria no mundo

subiria o Everest, desceria o Brahmaputra

negociaria no Sahel, acamparia no Monte Cook

aportaria em Riga, partiria pra Bielorrússia

navegaria o Huang Ho, visitaria Jakarta

ah! se eu pudesse!

esqueceria tudo isso:

poria tua cabeça em meu peito nu e falaria

simplesmente: te quero (muito)

AH, WENN ICH KÖNNTE! ...

ah, wenn ich könnte!

ich würde den berg besteigen, in der welt verschwinden

ich würde den Everest besteigen, ich würde den Brahmaputra
hinuntersteigen

ich würde in der Sahelzone handeln, ich würde am Mount Cook
campen

ich würde in Riga andocken, ich würde nach Weißrussland fahren

ich würde in Huang Ho segeln, ich würde Jakarta besuchen

ah, wenn ich könnte!

ich würde das alles vergessen:

ich würde deinen kopf auf meine nackte brust legen und nur

sag: ich will dich (so sehr)

MINHA SENHORA

não trago na sacola,

esmola.

trago apenas poesia, minha senhora.

não trago no corpo,

estorvo.

trago apenas magia, minha senhora.

não trago na voz,

algo feroz,

trago apenas cantoria, minha senhora.

não trago na mão,

flores.

trago apenas amores, minha senhora.

não trago no olho,

maldade.

trago apenas saudade, minha senhora.

não trago na vida,

glórias.

trago apenas memórias, minha senhora.

MEINE DAME

ich bringe keine almosen

in die tasche.

ich bringe nur gedichte mit, meine dame.

ich bringe keine widrigkeiten

in meinen körper.

ich bringe nur magie mit, meine dame.

ich bringe nichts heftiges

in meine stimme.

ich bringe nur gesang, meine dame.

ich bringe keine blumen

in meine hand.

ich bringe nur liebe, meine dame.

ich bringe nichts böses

ins auge.

ich bringe nur wahrheiten, meine dame.

ich bringe keinen ruhm

ins leben.

ich bringe nur erinnerungen, meine dame.

INQUIETUDES DE HORAS E FLORES

desconstruo-me neste cerrado de concreto construído.

entre as linhas suaves arquitetadas vejo o horizonte ao longe.

respiro a aridez do clima em meio ao vazio dos espaços entre-
enquadrados.

planos altos, centrais de costumes mesclados de todas as partes do
país.

danço a dança do frêmito entrecortar de palavras moldadas,

enquanto espreito a inquietude dos dias e das noites largos:

caliandras, cipós-de-são-joões, quaresmeiras, brincos-de-princesa,
sempre-vivas.

BEDENKEN VON STUNDEN UND BLUMEN

in diesen gebauten betonsavannen zerlege ich mich.

zwischen den weich konturierten Linien sehe ich in der ferne den
horizont.

ich atme die trockenheit des klimas inmitten der leere der räume

zwischen den blöcken.

hochebenen, gemischte zollzentren in allen teilen des landes.

ich tanze den tanz des aufregens, der von gerahmten worten
durchzogen ist,

in der rastlosigkeit langer tage und nächte lauern:

chrysantheme, dahlie, geranie, lilie, vergissmeinnicht.

LONDRES, 07 DE JULHO DE 2005

o dia amanheceu mais triste.

Londres com suas cabines

e seus ônibus vermelhos,

ainda mais vermelho.

LONDON, 7. JULI 2005

der tag begann trauriger.

London mit seinen ständen

und seine roten busse,

noch röter.

QUEBRA-QUEIXO

do suor das costas

às pernas em "x" do tabuleiro

reina

o cheiro queimado de coco

- enrolado em fuleiro papel –

grudado nos dentes

alegres da infância

descalça e feliz

KOKOSNUSS-SÜSSIGKEIT

vom rückenschweiß des mannes

bis zu den "x" beinen des brettes

herrscht

der geruch von verbrannter kokosnuss

- eingewickelt in käsiges papier –

klebte an den fröhlichen zähnen

des barfußes und der glücklichen

kindheit

VIVÊNCIAS

as caatingas

como os sertões

estão

em toda parte

de minha solidão

ERFAHRUNGEN

die *caatingas*

sowie das hinterland

sind

überall

in meiner einsamkeit

PADEIRO

de início

o trim-trim da buzina da bicicleta

depois

ao levantar a grossa lona plástica

encobrindo o enorme cesto de talo de coco

recendia o cheiro fresco

do pão ainda quente da padaria

BÄCKER

zuerst

der klingelton der fahrradklingel

dann

beim anheben der dicken kunststoffplane

versteckt sich der riesige korb aus kokosnussstängeln

wir spürten den frischen geruch

des noch warmen brotes aus der bäckerei

CARAVANÇARÁ

venho de milhares de eras de Sete Cidades

sou um milhão de civilizações gurguê

pinto com sangue os paredões de meus atos

incompletos no Boqueirão da Pedra Furada

gravo na terra indescifráveis geoglifos

em picos de morros da Serra das Confusões

renasço em arte naïf nas espinhas de peixes

fósseis da Chapada do Araripe

enquanto na Serra Vermelha sobram apenas

as cinzas da ignorante ganância de alguns

CARAVANÇAR

ich komme aus tausenden von epochen von *Sete Cidades*

ich bin eine million indigener zivilisationen

ich male mit blut die wände meiner unvollständigen taten

in *Boqueirão da Pedra Furada*

ich nehme unleserliche geoglyphen

in berggipfeln der *Serra das Confusões* auf

ich werde in naiver kunst auf den fossilen fischgräten

von *Chapada do Araripe* wiedergeboren

während in *Serra Vermelha* nur die asche

des unwissenden gewinns einiger menschen übrig bleibt

ARREBATA-ME

arrebata-me

toma-me pra ti

como a um copo de água pra matar tua sede

se não mais procuro cogumelos pelos campos,

se perco sempre o último trem na estação fria,

se a imagem refletida no espelho já não é a minha,

se meu corpo pede descanso do labor diário,

se minha voz desafinada não canta a música certa,

nada disso importa:

arrebata-me

toma-me pra ti

como a um copo de água pra matar tua sede

NIMM MICH

geb nicht auf,

nimm mich für dich

wie ein glas wasser, um deinen durst zu stillen

auch wenn ich nicht mehr pilzen auf den feldern suche,

auch wenn ich immer den letzten zug am kalten bahnhof verpasse,

auch wenn das reflektierte bild im spiegel nicht mehr mir gehört,

auch wenn mein körper nach ruhe von der täglichen arbeit fragt,

auch wenn meine verstimmte stimme nicht das richtige lied singt,

nichts ist wirklich wichtig:

geb nicht auf,

nimm mich für dich

wie ein glas wasser, um deinen durst zu stillen

MADUREZA

maduro o fruto que antes floriu

antes o vento e a chuva

antes a sina cumprida de cada estação,

para além da porteira da fazenda

a paisagem, de pedras e espanto,

arrebanha das alamedas os sonhos:

no curral, o mugir do gado preso

ao raiar do dia, por trás dos montes

a fina névoa de descampados assombros

antecipa a impaciência dos cavalos no estábulo

depois, o calor do sol no coração dos homens

e o dia interminável de labuta, sem glória

FÄLLIGKEIT

ausgereift ist die frucht, die einst

vor wind und regen blühte,

vor dem erfüllten schicksal jeder jahreszeit,

jenseits des hofes

die landschaft aus steinen und erstaunen

träumt von alleen:

im stall das brüllen des verhafteten viehs

bei tagesanbruch hinter den bergen

der feine nebel ungeschützter geister

nimmt die ungeduld der pferde im stall vorweg

dann die sonnewärme im menschenherzen

und der endlose arbeitstag, ohne ruhm

EM PEDRAS MENOS DURAS

dançarei contigo a dança louca das estrelas do céu

tocarei os atabaques - lua quase cheia - nas rodas de capoeira

rente ao chão - jogo de dentro - não me esquivarei de teu olhar

dançarei contigo a dança louca das estrelas do céu

nos toques de iúna do berimbau darei um chute na lua

e cairei de pé - junto a ti - em pedras menos duras

AUF WENIGER HARTEN STEINEN

ich werde mit dir den verrückten tanz der himmelssterne tanzen

ich werde das schlagzeug - fast vollmond – auf den *capoeira-rädern*
spielen

in bodennähe – *jogo de dentro* – werde ich nicht vor deinen blick
zurückschrecken

ich werde mit dir den verrückten tanz der himmelssterne tanzen

bei den *berimbau iúna-beat* werde ich den *chute na lua* treten

und ich werde - neben dir - auf weniger harte steine fallen

NOITE E DIA

a noite

anoiteceu

no ardor do vinho

e no balanço da dança e

da luz da lua refletida no lago Paranoá

a manhã

amanheceu

no teu rosto corado de morango

e nos teus olhos:

colorido de feira de Chichicastenango

NACHT UND TAG

die nacht

fiel

in die hitze des weins

und in der schaukel des tanzes und

des mondlichts, die sich im Paranoá-See spiegeln

der morgen

dämmerte

auf deinem gesicht mit erdbeerflecken

und in deinen augen:

bunt wie die Chichicastenango´s Messe

BRASÍLIA: NA TORRE DE TV

na torre de tv

te vejo

(tão linda)

entre uma e outra música

te beijo

(tão doce)

BRASÍLIA: AM FERNSEHTURM

am fernsehturm

sehe ich dich

(so schön)

zwischen den liedern

küsse ich dich

(so süß)

LAVOURA DE GALÁXIAS

1.

Minha mãe

se foi

meio sem

de mim se despedir.

O poeta

se fez rouco.

O poeta

se fez mouco.

2.

Ser forte

era preciso.

Não chorar

era preciso.

Chorei.

GALAXIES 'BEARBEITUNG

1.

Meine mama

ist gegangen,

ohne sich wirklich

von mir zu veranschieden.

Der dichter

wurde heiser.

Der dichter

wurde taub.

2.

Stark zu sein

war notwendig.

Weinen war

nicht nötig.

Ich weinte.

3.

O cotidiano

se tornou um vazio

entre os meses do ano.

O céu, tédio:

nuvens de peixes

no cinza do rio.

Ruas e praças

sem nomes nas placas.

4.

A chave dos sonhos

abriu galáxias de estrelas.

5.

Já não me engasgo, mãe.

Apenas com o soluço

de tua ida,

aos mundos dos ventos.

3.

Der Alltag

wurde in den monaten des jahres

zur leere.

Himmel, langeweile:

Fischwolken

im grauen fluss.

Straßen und plätze

ohne namen auf den tafeln.

4.

Traumschlüssel

öffnete sterne-galaxien.

5.

Ich würge nicht mehr, mama.

Nur mit dem schluckauf

deiner abreise

in die welten der winde.

6.

O terraço de minha infância

há de ser sempre

o entreabrir de teu sorriso.

(meigo, simples)

7.

Domingos serão locomotivas de auroras

brotando nas roseiras

cuidadas no jardim de casa.

8.

Um dia – sem querer –

inventarei de inventar palavras e sons.

Quando nasci, chorei.

6.

Die terrasse meiner kindheit

muss immer

die öffnung deines lächelns sein.

(süß, einfach)

7.

Sonntags sprießen aurora-lokomotiven

in rosenbüschen,

die im hauseigenen garten gepflegt werden.

8.

Eines tages - ungewollt –

werde ich erfinden, um wörte und töne zu erschaffen.

Als ich geboren wurde, weinte ich.

9.

As horas (haverá relógio para medí-las?)

pátinas de um grande armário

repleto de fina porcelana chinesa.

Meras memórias de vozes e silêncios.

10.

Diafragmáticas rotas de ar.

(microvilosidades de sonhos)

Sopro de espantos, além.

11.

No sossego infinito do quarto vazio,

aonde

arrumar doravante teus chinelos

embaixo da cama?

12.

O que coser na velha máquina Singer?

Nossas antigas roupas de criança?

Dedilha, bem sei mãe, na nova harpa

sutis sons de galáxias,

estalos eternos de amor.

9.

Die stunden (es wird eine uhr geben, um sie zu messen?),

patina eines großen schranks,

gefüllt mit feinem chinesischem porzellan.

Bloße erinnerungen an stimmen und stille.

10.

Zwerchfellige luftwege.

(mikrovilli der träume)

Atem des schreckens, jenseits.

11.

Wo sollen wir in der unendlichen stille des leeren raumes

von nun

an deine hausschuhe unter dem bett

unterbrigen?

12.

Was könnte an der alten singer-maschine genäht werden?

Unsere alten kinderkleider?

Ich weiß, mama, du lernst die neuen subtilen harfenklänge von
galaxien kennen.

Ewige liebesschnappschüsse.

DIÁRIO DE PIGAFETTA

sem medo, atirar-se ao mar, rebentar-se nas pedras,

sentir o sabor do sal na pele da amada e, por fim,

beber do Lete as águas do esquecimento

e ao renascer, não chorar,

mas sorrir de sua própria Loucura.

PIGAFETTA-TAGEBUCH

ohne angst sich ins meer werfen, in steine platzen lassen,

spüre den geschmack von salz in der haut der geliebten und

trinkt schließlich das wasser der vergesslichkeit der Lethe

und wenn du wiedergeboren wirst, nicht um zu weinen,

sondern um über deinen eigenen wahnsinn zu lächeln.

HAOMA

quem me dera

fosse um jovem sofista

em Abdera.

e se despencasse

um astro

ao ouvir Zoroastro?

teria Arimã

nascida do fogo

da estrela Aldebarã?

HAOMA

ich wünsche,

ich wäre ein junger sophist

in Abdera.

was ist, wenn ein stern

fiel,

gerade als ich Zoroaster hörte?

wäre Ahriman

aus dem feuer

des Aldebaran-Sterns geboren?

FÉRREA ESTAÇÃO

"Virgem Maria que foi isso maquinista?". Trem de Ferro.

Manuel Bandeira.

1. (tardio encontro)

sufocado vazio

assola minha alma

sem ar, sem ânimo.

sonoridade plana:

a visão do trem -

deslocado atavio.

minha calma

sem par, sem lar,

pra lá de Dortmund.

2. (roteiro de nuvens)

no dia mais triste

mais triste o agora.

na tarde mais triste

mais largo o desbotado

outono deste ano.

nesta férrea noite triste

BAHNHOF

<blockquote>"Jungfrau Maria, wer war diese Maschinistin?" Eisenzug.

Manuel Bandeira.</blockquote>

1. (spätes treffen)

erstickte leere

quält meine seele

ohne luft, ohne geist.

flacher klang:

der zugblick –

verdrängter putz.

meine stille

ohne paar, ohne zuhause,

über Dortmund hinaus.

2. (wolkenroute)

am traurigsten tag

ist jetzt trauriger.

am traurigsten nachmittag,

unfangreicher ist der diesjäjrige

verblasste herbst.

in dieser eisernen, traurigen nacht

só mais triste

o triste e vero agora.

3. (derrisão da sabedoria)

da tristura de meus olhos:

lavras de desejos,

perspética visão de areias,

poesias, adeuses.

in dieser stählernen traurigen nacht

nur noch trauriger das traurige und wahre jetzt.

3. (verspottung der weisheit)

aus der traurigkeit meiner augen:

wünsche von wünschen,

scharfblick auf sand,

gedicht, aufwiedersehen.

BIODIVERSIDADE DE EUCALIPTOS

EU EU EU EU EU EU EU EU EU EU EU EU EU EU EU EU EU EU
CA CA CA CA CA CA CA CA CA CA CA CA CA CA CA CA CA CA
LIP LIP LIP LIP LIP LIP LIP LIP LIP LIP LIP LIP LIP LIP LIP LIP
TO TO TO TO TO TO TO TO TO TO TO TO TO TO TO TO TO TO
EU EU EU EU EU EU EU EU EU EU EU EU EU EU EU EU EU EU
CA CA CA CA CA CA CA CA CA CA CA CA CA CA CA CA CA CA
LIP LIP LIP LIP LIP LIP LIP LIP LIP LIP LIP LIP LIP LIP LIP LIP
TO TO TO TO TO TO TO TO TO TO TO TO TO TO TO TO TO TO
EU EU EU EU EU EU EU EU EU EU EU EU EU EU EU EU EU EU
CA CA CA CA CA CA CA CA CA CA CA CA CA CA CA CA CA CA
LIP LIP LIP LIP LIP LIP LIP LIP LIP LIP LIP LIP LIP LIP LIP LIP
TO TO TO TO TO TO TO TO TO TO TO TO TO TO TO TO TO TO
EU EU EU EU EU EU EU EU EU EU EU EU EU EU EU EU EU EU
CA CA CA CA CA CA CA CA CA CA CA CA CA CA CA CA CA CA
LIP LIP LIP LIP LIP LIP LIP LIP LIP LIP LIP LIP LIP LIP LIP LIP
TO TO TO TO TO TO TO TO TO TO TO TO TO TO TO TO TO TO
EU EU EU EU EU EU EU EU EU EU EU EU EU EU EU EU EU EU
CA CA CA CA CA CA CA CA CA CA CA CA CA CA CA CA CA CA
LIP LIP LIP LIP LIP LIP LIP LIP LIP LIP LIP LIP LIP LIP LIP LIP
TO TO TO TO TO TO TO TO TO TO TO TO TO TO TO TO TO TO
EU EU EU EU EU EU EU EU EU EU EU EU EU EU EU EU EU EU
CA CA CA CA CA CA CA CA CA CA CA CA CA CA CA CA CA CA
LIP LIP LIP LIP LIP LIP LIP LIP LIP LIP LIP LIP LIP LIP LIP LIP
TO TO TO TO TO TO TO TO TO TO TO TO TO TO TO TO TO TO

BIODIVERSITÄT VON EUCALYPTUS

EU EU EU EU EU EU EU EU EU EU EU EU EU EU EU EU EU
CA CA CA CA CA CA CA CA CA CA CA CA CA CA CA CA CA CA
LYP LYP LYP LYP LYP LYP LYP LYP LYP LYP LYP LYP LYP LYP
TUS TUS TUS TUS TUS TUS TUS TUS TUS TUS TUS TUS TUS TUS
EU EU EU EU EU EU EU EU EU EU EU EU EU EU EU EU EU
CA CA CA CA CA CA CA CA CA CA CA CA CA CA CA CA CA CA
LYP LYP LYP LYP LYP LYP LYP LYP LYP LYP LYP LYP LYP LYP
TUS TUS TUS TUS TUS TUS TUS TUS TUS TUS TUS TUS TUS TUS
EU EU EU EU EU EU EU EU EU EU EU EU EU EU EU EU EU
CA CA CA CA CA CA CA CA CA CA CA CA CA CA CA CA CA CA
LYP LYP LYP LYP LYP LYP LYP LYP LYP LYP LYP LYP LYP LYP
TUS TUS TUS TUS TUS TUS TUS TUS TUS TUS TUS TUS TUS TUS
EU EU EU EU EU EU EU EU EU EU EU EU EU EU EU EU EU
CA CA CA CA CA CA CA CA CA CA CA CA CA CA CA CA CA CA
LYP LYP LYP LYP LYP LYP LYP LYP LYP LYP LYP LYP LYP LYP
TUS TUS TUS TUS TUS TUS TUS TUS TUS TUS TUS TUS TUS TUS
EU EU EU EU EU EU EU EU EU EU EU EU EU EU EU EU EU
CA CA CA CA CA CA CA CA CA CA CA CA CA CA CA CA CA CA
LYP LYP LYP LYP LYP LYP LYP LYP LYP LYP LYP LYP LYP LYP
TUS TUS TUS TUS TUS TUS TUS TUS TUS TUS TUS TUS TUS TUS
EU EU EU EU EU EU EU EU EU EU EU EU EU EU EU EU EU
CA CA CA CA CA CA CA CA CA CA CA CA CA CA CA CA CA CA
LYP LYP LYP LYP LYP LYP LYP LYP LYP LYP LYP LYP LYP LYP
TUS TUS TUS TUS TUS TUS TUS TUS TUS TUS TUS TUS TUS TUS

DOS TRÊS SONHOS DA ARTE CONSOANTE ERNST BLOCH

ao escultor Ennio Bernardo

"O que é desejado utopicamente guia todos os movimentos libertários".

Ernst Bloch.

I. O Sonho da Sedução

a simétrica medida

de harmônica forma

esculpida em pórticos.

o tempo dura nos templos

- gregos, egípcios, incas? -

moldados nas pedras,

pedras parecendo

erguerem-se do chão

(impenetrável ao povo)

milênios de idade

imutável estabilidade:

sonho de sedução.

AUS DEN DREI KUNSTTRÄUMEN NACH ERNST BLOCH

an den bildhauer Ennio Bernardo

"Was utopisch erwünscht ist, lenkt alle liberatorischen Bewegungen".

Ernst Bloch.

I. Der Traum der Verführung

das symmetrische maß

von harmonischer form

wurde in veranden geschnitzt.

die zeit dauert in den tempeln

- griechen, ägypter, inkas? –

auf steinen geformt,

steine, die aussehen, als würden

sie vom boden aufstehen

(undurchdringlich für die menschen)

jahrtausende alt

unveränderliche stabilität:

traum von verführung.

II. O Sonho da Ressurreição

multiplicidade de vida

de gótica floração

- para dentro e para fora -

extensão de si e de sonho.

espaços heterogêneos em extensão

sonho, expansão de vida:

sonho de ressurreição.

III. O Sonho da Euforia

arte-vi(d)a, arte-ação

delírios, vidrilhos de imaginação

torvelinos de euforia

sonhando sonhos.

II. Der Traum von der Auferstehung

vielfalt des lebens

der gotischen blüte

- rein und raus –

ausdehnung von selbst und traum.

heterogene räume in erweiterung

rtaum, lebenserweiterung:

traum der auferstehung.

III. Der Traum von Euphorie

kunstleben, kunsthandlung

delirien, glasschmuck der phantasie

wirbelstürme der euphorie

träume träumen.

E MAIS NÃO TEM

do fruto

carne e caroço

e mais não tem

da pele

beijo e tato

e mais não tem

da terra

alma e gema

e mais não tem

do ventre

deus e sopro

e mais não tem

UND SONST NICHTS

von der frucht

fleisch und samen

und sonst nichts

von der haut

küssen und anfassen

und sonst nichts

vom land

seele und edelstein

und sonst nichts

aus dem mutterleib

gott und atem

und sonst nichts

FRONTEIRA

ronda inútil

limites de meu nada

as horas longas de sonhos

as leves madrugadas alheias ao mundo

fronteira de alegria infinita:

eis-me, novamente.

GRENZE

nutzlose runde

grenzen meines nichts

die langen stunden der träume

das licht dämmert der welt gleichgültig

grenze des unendlichen glücks:

hier bin ich wieder.

CACIMBA BARRENTA

lassidão de horas na flecha do tempo.

o curumim chora, gente que sofre

baixinho

o índio aguarda

a aguada que nunca chega

imensidão de tempo

flecha de horas que chora

baixinho

poço seco, rio seco

nova roça

perdida

FLACH QUELLE

stundenlücke im bogen der zeit

- der indische junge bedauert - menschen, die leise

leiden

das *cabloco* wartet

auf den regen, der niemals kommt

- die unendlichkeit der zeit –

der pfeil der stunden leise

weinen

trockne quelle, trockener fluss

neue ernten

verloren

ser poeta é estar sempre pronto e disposto a se lançar, sem paraquedas, no abismo profundo de sua alma, quando o poema lhe bate à porta ser poeta é estar sempre pronto e disposto a se lançar, sem paraquedas, no abismo profundo de sua alma, quando o poema lhe bate à porta ser poeta é estar sempre pronto e disposto a se lançar, sem paraquedas, no abismo profundo de sua alma, quando o poema lhe bate à porta ser poeta é estar sempre pronto e disposto a se lançar, sem paraquedas, no abismo profundo de sua alma, quando o poema lhe bate à porta ser poeta é estar sempre pronto e disposto a se lançar, sem paraquedas, no abismo profundo de sua alma, quando o poema lhe bate à porta ser poeta é estar sempre pronto e disposto a se lançar, sem paraquedas, no abismo profundo de sua alma, quando o poema lhe bate à porta ser poeta é estar sempre pronto e disposto a se lançar, sem paraquedas, no abismo profundo de sua alma, quando o poema lhe bate à porta ser poeta é estar sempre pronto e disposto a se lançar, sem paraquedas, no abismo profundo de sua alma, quando o poema lhe bate à porta ser poeta é estar sempre pronto e disposto a se lançar, sem paraquedas, no abismo profundo de sua alma, quando o poema lhe bate à porta ser poeta é estar sempre pronto e disposto a se lançar, sem paraquedas, no abismo profundo de sua alma, quando o poema lhe bate à porta ser poeta é estar sempre pronto e disposto a se lançar, sem paraquedas, no abismo profundo de sua alma, quando o poema lhe bate à porta ser poeta é estar sempre pronto e disposto a se lançar, sem paraquedas, no abismo profundo de sua alma, quando o poema lhe bate à porta ser poeta é estar sempre pronto e disposto a se lançar, sem paraquedas, no abismo profundo de sua alma, quando o poema lhe bate à porta ser poeta é estar sempre pronto e disposto a se lançar, sem paraquedas, no abismo profundo de sua alma, quando o poema lhe bate à porta ser poeta é estar sempre pronto e disposto a se lançar, sem paraquedas, no abismo profundo de sua alma, quando o poema lhe bate à porta ser poeta é estar sempre pronto e disposto a se lançar, sem paraquedas, no abismo profundo de sua alma, quando o poema lhe bate à porta ser poeta é estar sempre pronto e disposto a se lançar, sem paraquedas, no abismo profundo de sua alma, quando o poema lhe bate à porta ser poeta é estar sempre pronto e disposto a se lançar, sem paraquedas, no abismo profundo de sua alma, quando o poema lhe bate à porta ser poeta é estar sempre pronto e disposto a se lançar, sem paraquedas, no abismo profundo de sua alma, quando o poema lhe bate à porta ser poeta é estar sempre pronto e disposto a se lançar, sem paraquedas, no abismo profundo de sua alma, quando o poema lhe bate à porta ser poeta é estar sempre pronto e disposto a se lançar, sem paraquedas, no abismo profundo de sua alma, quando o poema lhe bate à porta ser poeta é estar sempre pronto e disposto a se lançar, sem paraquedas, no abismo profundo de sua alma, quando o poema lhe bate à porta ser poeta é estar sempre pronto e disposto a se lançar, sem paraquedas, no abismo profundo de sua alma, quando o poema lhe bate à porta ser poeta é estar sempre pronto e disposto a se lançar, sem paraquedas, no abismo profundo de sua alma, quando o poema lhe bate à porta ser poeta é

ein dichter zu sein, ist immer bereit und willens, ohne fallschirm in den tiefen abgrund deiner seele zu springen, wenn das gedicht dich an der tür trifft ein dichter zu sein, ist immer bereit und willens, ohne fallschirm in den tiefen abgrund deiner seele zu springen, wenn das gedicht dich an der tür trifft ein dichter zu sein, ist immer bereit und willens, ohne fallschirm in den tiefen abgrund deiner seele zu springen, wenn das gedicht dich an der tür trifft ein dichter zu sein, ist immer bereit und willens, ohne fallschirm in den tiefen abgrund deiner seele zu springen, wenn das gedicht dich an der tür trifft ein dichter zu sein, ist immer bereit und willens, ohne fallschirm in den tiefen abgrund deiner seele zu springen, wenn das gedicht dich an der tür trifft ein dichter zu sein, ist immer bereit und willens, ohne fallschirm in den tiefen abgrund deiner seele zu springen, wenn das gedicht dich an der tür trifft ein dichter zu sein, ist immer bereit und willens, ohne fallschirm in den tiefen abgrund deiner seele zu springen, wenn das gedicht dich an der tür trifft ein dichter zu sein, ist immer bereit und willens, ohne fallschirm in den tiefen abgrund deiner seele zu springen, wenn das gedicht dich an der tür trifft ein dichter zu sein, ist immer bereit und willens, ohne fallschirm in den tiefen abgrund deiner seele zu springen, wenn das gedicht dich an der tür trifft ein dichter zu sein, ist immer bereit und willens, ohne fallschirm in den tiefen abgrund deiner seele zu springen, wenn das gedicht dich an der tür trifft ein dichter zu sein, ist immer bereit und willens, ohne fallschirm in den tiefen abgrund deiner seele zu springen, wenn das gedicht dich an der tür trifft ein dichter zu sein, ist immer bereit und willens, ohne fallschirm in den tiefen abgrund deiner seele zu springen, wenn das gedicht dich an der tür trifft ein dichter zu sein, ist immer bereit und willens, ohne fallschirm in den tiefen abgrund deiner seele zu springen, wenn das gedicht dich an der tür trifft ein dichter zu sein, ist immer bereit und willens, ohne fallschirm in den tiefen abgrund deiner seele zu springen, wenn das gedicht dich an der tür trifft ein dichter zu sein, ist immer bereit und willens, ohne fallschirm in den tiefen abgrund deiner seele zu springen, wenn das gedicht dich an der tür trifft ein dichter zu sein, ist immer bereit und willens, ohne fallschirm in den tiefen abgrund deiner seele zu springen, wenn das gedicht dich an der tür trifft ein dichter zu sein, ist

ARGILA

a mão que molda o barro

dá forma plena a meu ser

em terra negra: massapé

a mão que molda o poema

pra além da flor já sabida

pintada de amarelo-tauá

a mão que molda as gentes

gesta-lhes nos beirais: vida

da cor branca, caulim

TON

die hand, die den ton formt

gibt meinem wesen auf schwarzem boden

die volle form: *massapé*

die hand, die das gedicht

jenseits der blume bereits bekannt

in gelb-*tauá* lackiert, formt

die hand, die die völker formt,

trägt sie in die traufe: leben

in weißer farbe, *kaoli*

AS PALAVRAS

à Cecília Meireles

as palavras voam

    em cada passo de estrada

em cada chão

em cada nada

as palavras

    como que formigas enfileiradas

as palavras como águias esfomeadas

    flanando – quase sem peso –

        no ar

as palavras rangendo o cântico do cosmos

    abismo-infinito

em todo vácuo

em todo nada

WÖRTER

    an Cecilia Meireles

wörter fliegen

    bei jedem straßenschritt

auf jeder etage

auf jeden nichts

wörter

    wie ameisen in einer reihe

wörter wie hungrige adler

    - fast schwerelos –

       in der luft flankierend

wörter, die das lied vom unendlicher abgrund des kosmos

    quietschen lassen

in jedem vacuum

in allem nichts

A TARDE EM CLAVE DE SOL

a tarde carregada

    de chuva abriu-se

    inesperada em sol

um frescor – porém –

ficou no ar

entre risos,

    falas,

    ditos,

    sons

    bemóis

DER ABEND IN TREBLE CLEF

ein regnerischer nachmittag

    verwandelte sich

    unerwartet in sonnenschein

eine frische - jedoch – lag

in der luft

zwischen lachen,

sprüchen,

sprichworte,

geräuschen und

flache noten

MÃE

imagino minha mãe

    em alguma parte do universo,

    sempre atenta aos filhos,

    sempre pensando nos filhos.

toda sua vida –

    sempre atenta aos filhos,

    sempre pensando nos filhos

    até se esquecer de si mesma.

mães não deviam morrer –

        nunca.

MAMA

ich stelle mir meine mutter

    in einem teil des universums vor,

    die immer auf die kinder achtet,

    die immer an ihre kinder denkt.

ihr ganzes leben lang –

    immer aufmerksam auf die kinder,

    immer an ihre kinder denkend,

    bis sie sich selbst vergisst.

mütter sollten nicht sterben –

        niemals.

BRASÍLIA, TERRA DE CANDANGOS

A fonte de água:

sonora luz

molhando os pés da torre de tv.

O pássaro azul de Bulcão

ganhou asas e liberdade.

A cidade projeto.

A submersa Vila Amauri.

Tudo parece perto,

mas tudo é tão longe.

A cidade é para ser vista de janelas de carros,

de janelas de prédios, por entre cobogós.

A cidade é feita de monumentos,

sempre a esperar reformas.

BRASÍLIA, CANDANGOS´LAND

Der wasserbrunnen –

ein klangvolles licht,

das die füße des fernsehturms benetzt.

Bulcão´s blauer vogel

hat flügel und freiheit.

Die projektstadt.

Das versunkene dorf amauri.

Alles sieht so nah aus,

ist aber so weit weg.

Die stadt muss durch die fenster von autos und gebäuden

und inmitten von *cobogós* gesehen werden.

Die stadt besteht aus denkmäler,

die immer auf die restaurierung warten.

Meio século de solidão

no Planalto Central do país.

A cidade igreja azul, pendurada de querubins,

dobra-se aos quatros sinos de Espanha?

A cidade, alvorada ouro-pequi,

ilumina seus labirintos de espaços vazios?

A cidade, fogo galdino a queimar

suas contraditórias entranhas.

A cidade sem tradição – contradição de fogo e água -

planta torta, planta baixa, plano piloto.

A cidade de novos sonhos

renasce em mim.

Ein halbes jahrhundert einsamkeit

im zentralen hochland des landes.

Beugt der baumelnde engel blaue kirchenstadt die knie

vor den vier glocken Spaniens?

Erhellt die goldene stadt im morgengrauen

ihre labyrinthe leerer räume?

Die Stadt, ein einheimisches feuer,

das seine widersprüchlichen wingeweide verbrennt.

Die traditionslose stadt - feuer und wasser im widerspruch –

eine verbogene pflanze, blaupause, masterplan.

Die stadt der neuen träume

erwacht in mir.

MENINOS DO BARROCÃO

Aos sábados, o pedido de minha mãe

para enfiar a linha pelo fino buraco da agulha.

Após, o eterno rangido da máquina Singer.

Aos domingos, no quintal de casa,

cada menino aguardava a vez

de ganhar seu rolete de cana cortado pelo pai.

Fim de tarde, sonhos alimentados

no alto das goiabeiras.

Em fins de semana de sol,

todos a postos na Rural bicolor

rumo às piscinas do Piauhy Sport Club.

Junhos de papagaios e ventos.

Memórias impressas em nuvens.

BARROCÃO JUNGEN

Samstags bat meiner mutter,

den faden durch das dünne loch der nadel zu fädeln.

Danach das ewige knarren der Singer-maschine.

An sonntagen im hinterhof wartete jeder junge,

bis er an der reihe war, um seinen zuckerrohrroller zu gewinnen,

den seine väter geschnitten hatten.

Am späten nachmittag träumten sie

von den guavenbäume.

An sonnigen wochenenden

sind alle bereit im zweifarbigen chevrolet bereit,

um zu den becken des Piauhy Sport Club zu gelangen.

Juni von drachen und winden.

Erinnerungen auf wolken gedruckt.

O TEMPO SEM QUANDOS

quando vim para cá

       o tempo espichou o sol.

a noite acabrunhou-se calada.

a chuva que chovia, deu-se a chover sem parar.

a noite tornou-se dia, de tanta água a transbordar,

das sarjetas e bueiros, primeiro,

das ruas, casas e lagos, após.

quando vim para cá

       o tempo espichou o sol

e a mim, corpo-estrito, sem os meus, sem quandos.

ZEIT OHNE WANN

als ich hierher kam,

                streckte die zeit die sonne aus.

die nacht war still geworden.

der fallende regen fällt weiter, ohne anzuhalten.

die nacht wurde zum tag, weil so viel wasser überlief,

von dachrinnen und durchlässen, zuerst

von den straßen, häusern und seen, danach.

als ich hierher kam,

streckte die zeit die sonne aus

und mich, strengen körper, ohne meinen, ohne wann.

PALIPALÃS

barra de serra

vãos de vãos

urucuias de veredas

brejos arinos

dos grandes sertões

carinhanha deslizando prata

em redemunhos de fios

buritizais

maciez de aurora:

doce sebereba

áulicos sopros de nuvens

descarrilhando trens

em flor

PALIPALÃS BLUME

„der Fluss will nicht ankommen, sondern breit und tief bleiben. "

João Guimarães Rosa.

gipfel des berges

bergrücken

urucuias der vereden

sümpfe

der *grandes sertões*

der fluss carinhanha, der in silberner farbe

in strudeln

von moriche-palmdrähten gleitet

weichheit der aurora:

süßer *sebereba*-saft

aulische wolkenstöße

entgleisen

blühende züge

TEMPOS EPÍGEOS

no endorso do tempo

(hilo distante)

a quebra da dormência tegumentar:

sementes de novos sonhos?

escarificações e embebecimentos

para a água da vida.

enquanto o povo dorme,

nova plântula germina.

EPIGENETISCHE ZEITEN

im frontispizseite der zeit

(entfernter hilus)

die aufschlüsselung der integumentary dormancy:

samen neuer träume?

skarifikationen und aufsaugen

für das wasser des lebens.

während die leute schlafen,

keimen neue sämlinge.

À ESPERA DO VENTO DA NOITINHA

à dona Dulce e à dona Nonata

velhas cadeiras de balanço.

os espaguetes desbotados denunciam

as tantas conversas e confidências que ali foram reveladas.

velhas cadeiras de balanço.

as tardes mormacentas, refrescadas

à sucos de cajus e cajás, prenunciam

os relâmpagos ao longe, lá pras bandas da beira do rio.

velhas cadeiras de balanço:

guardiãs da memória derradeira (nua e crua)

da rua Gabriel Ferreira.

WARTEN AUF DEN ABENDWIND

an Frau Dulce und an Frau Nonata

alte schaukelstühle.

verblasste kunststoffe verurteilen

die vielen gespräche und vertraulichkeiten, die dort enthüllt wurden.

alte schaukelstühle.

nachmittage voller dunst, erfrischt

von *cajá-* und cashewsäften, kündigen

die blitze in der ferne in richtung flussufer an.

alte schaukelstühle:

wächter der ultimativen erinnerung (nackt und roh)

an Gabriel Ferreira straße.

QUALEA MULTIFLORA

o pequeno inseto pousa

na pintalgada flor branca do pau-terra.
a chuva fina persiste em cair

na mata já bastante úmida.
sobre a serrapilheira formada
passeiam saracuras-três-potes.

QUALEA MULTIFLORA

das kleine insekt landet

auf der mehrfarbig gefleckten blume des *pau-terra*.
der feine regen fällt immer weiter

in den ohnehin schon ziemlich feuchten wald.
Cayenneralle laufen
über die Bodenschicht.

DESFERROLHADOS

e assim sou:

água boa

de Savary.

e assim vou

subir o morro

celebrar missa

(em latim)

com Waly.

e assim vou

apodrecer à beira-mar:

pera ou rio Anil

da ilha de Gullar?

e assim sou:

ou cogito ser –

agora.

UNBEFESTIGT

und so bin ich:

gutes wasser

von Savary.

und so werde ich

den hügel besteigen

und mit Waly

eine messe

(in lateinischer sprache) feiern.

und so werde ich

am meer rotten:

birne- oder Anilfluss

der insel Gullar?

und so bin ich:

oder überlegen zu sein –

jetzt.

POEMA PARA L.C. VILHOLES E P. LEMINSKI

GEDICHT FÜR L.C. VILHOLES UND P. LEMINSKI

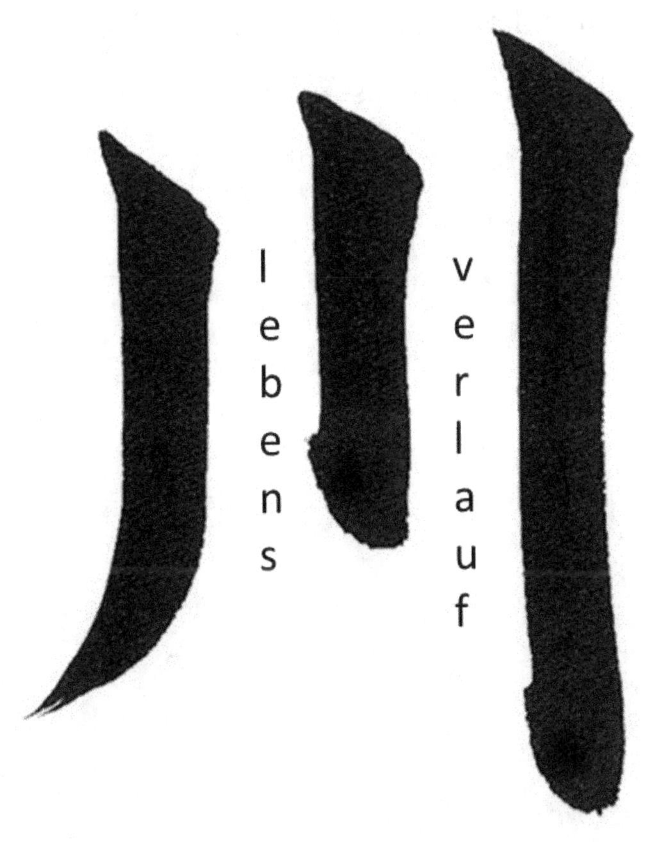
lebens
verlauf

USINA NUCLEAR

e aquela senhora ucraniana,

engenheira da usina de Chernobyl,

será que ainda estar a tratar

do câncer na Alemanha?

KERNKRAFTWERK

Und was ist mit der ukrainerin,

der Ingenieuring des werks in Tschernobyl?

behandelt sie immer noch

ihren krebs in Deutschland?

rioRioRIO

i.

a água dos canais

     torna o cinza

verde-planta

ii.

um velho passeia

     (de nome Chico?)

à margem do velho e seco rio

iii.

barcos nos bancos de areia,

     o que mais

as carrancas assustam?

iv.

pedras pedras pedras

     solo rachado

macambiras e bodes

flussFlussFLUSS

i.

die kanalwasser

      wird grau

die grünpflanzenfarbe

ii.

ein alter mann geht

      (mit dem namen Chico?)

am ufer des alten trockenen flusses entlang

iii.

boote in den gurtbäuken,

      wovor schrecken die stirnrunzeln sonst

noch?

iv.

steine steine steine

      - rissige böden –

kakteen und ziegen

(VIDEO)POEMA

cada palavra

um tiro no vazio

    e s t i l

      h a ç o s

[impressos] no branco

         da página

vertigo hitchcokiano:

     ilusão

     ilusão

     ilusão

plenitude

    e

     nada

entre instantes

(VIDEO)GEDICHT

jedes wort

ein schuss ins leere

      shrap-

           nell

[gedruckt] in weiß

           der seite

hitchcokian schwindel:

      illusion

       illusion

      illusion

fülle

      und

          nichts

zwischen den augenblicken

SHUUKATSU

não conseguirei escrever

    nenhum verso com minhas cinzas.

com elas, sequer,

    escreverei a palavra amor.

não sei, ao menos,

    se chegarei à hora marcada.

SHUUKATSU

ich werde keinen vers

     mit meiner asche schreiben können.

mit ihnen werde ich nicht einmal

     das wort liebe schreiben.

ich weiß zumindest nicht,

     ob ich zur vereinbarten zeit dort sein werde.

ESTADO DEMOCRÁTICO DE POESIA

que não se organize a poesia em parágrafos,

    mas em versos e não versos.

que nas intermináveis listas de considerandos,

    considerem-se todas as formas de poesia.

que nunca mais se torturem as palavras.

que se abominem as quadrilhas (somente

    as quadras serão permitidas)

que não se dilapide o patrimônio poético nacional.

que se preserve o direito da palavra de ir e vir

                  e voar,

caso queira.

DEMOKRATISCHER STAND DER POESIE

dass gedichte sol nicht in absätzen organisiert sein,

sondern in versen und keinen versen.

dass in den endlosen listen von erwägungsgründen

soll alle poesieformen berücksichtigt werden.

diese worte werden nie wieder gefoltert.

dass die banden verabscheut werden (nur

eine bande von versen wird zugelassen)

dass das nationale poetische erbe nicht verschwendet.

dass das recht des worts, zu kommen und zu gehen

                    und zu fliegen, erhalten bleibt,

wenn es möchte.

UNZEITIG

duração   vazia,

sem lembranças, nem esperanças.

que tempo escorre na fibra das horas?

narrativa do mundo,

                mundo como imagem.

um envelhecer sem tornar-se mais.

duração   vazia,

sem balanças, sem heranças.

UNZEITIG

leere dauer,

ohne erinnerungen, ohne hoffnungen.

wie viel zeit fließt in der faser der stunden?

welterzählung,

       welt als bild.

ein altern, ohne mehr zu werden.

leere dauer,

ohne schuppen, ohne erbschaften.

LACERDINHA DE BRASÍLIA

folhas rodopiando em círculos

poeira seca

risca a íris de olhos

dentro de casa

na mesa de trabalho

o poeta escreve

TORNADOS IN BRASÍLIA

blätter wirbeln im kreis

trockener staub

kratz die regenbogenhaut von augen

zuhause

auf der werkbank

schreibt der dichter

CORREDEIRAS SECAS

da ponte de Pirapora

    veem-se esqueletos de peixes

saltando das pedras

GETROCKNETE KETTEN

von der Piraporas brücke

    kannst du fischskelette sehen,

die von den felsen springen

LIÇÕES DO VERDE

i.

no gramado verde

     ferrugíneas plumagens

jacupembas em bando

ii.

na porta de saída

     um casal de saí

azulverdeia o dia

iii.

pés na água

     do riacho Taboquinha

borboleta azul em círculos

iv.

o riacho da Cerca

     seca

poça a poça

GRÜNE LEKTIONEN

i.

auf dem grünen rasen

     rötliches gefieder

weißstirnguans in herde

ii.

an der ausgangstür

     ein paar türkisfarbene honigkräuter

blaugrünen dem tag

iii.

füße auf dem wasser

     des Taboquinha baches

blauer schmetterling im kreis

iv.

der Cerca-Strom

     trocknet

tropfen für tropfen

PEDRA DO FORNO – MG

dei-lhe às mãos

        para a paz ampla do topo das montanhas

– calor de lenha de lareira

PEDRA DO FORNO – MG

ich gab ihr die hände

für den weiten frieden der berggipfel

- hitze von brennholz

MANHÃS E TARDES DE MINAS

[o azul das montanhas expele aromas,
grava vida em pedras e piano na pedreira da Serra do Cipó]

raios da manhã
        – lâmina fina –
expõem rente
o queijo branco de Minas

tarde rosa-iansã
        – chuva tímida –
filtros de nuvens
nos confins de Minas

águas de cachoeiras
        pintadas ao entardecer
sabores certos de ventos brandos
        nos olhos
        boca
        e coração
de Minas

MORGEN UND NACHMITTAG VON MINAS GERAIS

[das blau der berge verströmt gerüche, zeichnet das leben

 in steinen und klavier im steinbruch von Serra do Cipó auf]

morgenstrahlen

        - dünne klinge –

legen den weiße käse von Minas Gerais

sehr genau frei

rosa-iansã-farbe des nachmittags

        - schüchterner regen –

wolkenfilter

in den grenzen von Minas

wasser von wasserfällen

        in der abenddämmerung gemalt

bestimmte geruch von sanften winden

                in den augen

                im mund

                und im herzen

                von Minas

USINA VELHA

deus me livre desse sofrimento

não me faça esquecer o cheiro
bom do coco babaçu queimado

vindo das bandas da Piçarra
– todo final de tarde –
partindo da Usina Livramento.

DAS ALTE KRAFTWERK

gott verbiete mir dieses leiden

lass mich nicht den guten geruch
der verbrannten *babaçu*-kokosnuss vergessen,

die aus der nachbarschaft von Piçarra kommt,
- jeden späten nachmittag –
und aus Livramentos Kraftwerk stammt.

LITORAL DO PIAUÍ

dos mares,

o menor.

PIAUÍ KÜSTE

von den meeren,

der kleinste.

sobre seiva, transpiração e o silêncio das plantas

                            para Wistawa Szymborska

o silêncio das plantas

imperceptível   - quase -

como a marcha dos neonazistas sobre os

                escombros da cambaleante pseudodemocracia

                                                    alemã

o silêncio das plantas

imperceptível   - quase -

como o gafanhoto escondido d´As Oliveiras

                                        de van Gogh.

as plantas agarram-se à terra

fincam profundas raízes

über saft, schweiß und die stille der pflanzen

für Wistawa Szymborska

die stille der pflanzen

unmerklich   - fast -

wie der marsch der neonazis über die

trümmer der atemberaubenden deutschen pseudodemokratie

die stille der pflanzen

unmerklich   - fast -

wie die versteckte heuschrecke von Van Goghs

Oliven.

pflanzen klammern sich an die erde

tiefe wurzeln schlagen

vendilhões

vida

vendida

aos

quatros

ventos

vida

perdida

em

pouco

tempo

die tempelbäuche

leben

an die

vier

winde

verkauft

leben

in

kurzer

zeit

verloren

conversa de louco ritmada pelo bater das asas de borboletas azuis

solitário udu faz ninho na barranca do rio da cerca

tendo chuva, somente 0,8% de água será absorvida

o pato mergulhão ainda vive na floresta de cabeça para baixo

o cerrado tem papel central na distribuição das águas

a celulose de florestas plantadas gera papel para o noticiário e novos
livros

os corais do Pacífico estão perdendo a cor rapidamente

a anchova é prejudicada pelo aumento da temperatura do mar

efeito estufa desertificação degelo aerossóis

cantos de cigarras anunciam as chuvas vindouras

urso polar é encontrado, com fome, a 800 km de seu habitat natural

no xingu cacique tenta manter viva a língua walapiti

no chão as folhas secas do outono são pisadas por tênis de palmilhas
recicladas

a partir de plásticos marinhos

verrücktes gespräch rhythmisch durch das flattern der blauen schmetterlingsflügel

der einsame blauscheitelmotmot macht ein nest im zaun des flussufers

bei regen werden nur 0,8% des wassers absorbiert

die haubente lebt immer noch kopfüber im wald

das savanna spielt eine zentrale rolle bei der wasserverteilung

zellstoff aus gepflanzten wäldern erzeugt papier für die nachrichten und neue bücher

pazifische korallen verlieren schnell an farbe

sardellen sind vom anstieg der meerestemperatur betroffen

traubhauseffekt wüstenbildung auftauen aerosole

zikadengesänge verkünden den kommenden regen

der eisbär ist 800 km von seinem natürlichen lebensraum entfernt hungrig

im xingu versucht der *cacique* die walapiti sprache am leben zu erhalten

auf dem boden werden trockene herbstblätter von einlegesohlen getreten,

    die aus meereskunststoffen

recycelt werden

fakes de valetes

no jogo

        o blefe

quase sempre

        vence

(não demora, torna a perder)

fake news

im spiel

    winnt

der bluff

    fast immer

(zögert sich nicht, verliert wieder)

cherita poems

- 1 -

ouro de minas

a velha senhora na janela

emoldura as paredes
sem reboco da casa

dentro do lar
o cheiro do pequi
cozinhando

cherita poems

- 1 -

gold von Minas Gerais

die alte frau am fenster

umrahmt die wände des hauses,
ohne sie zu verputzen

im haus
der geruch
von kochende *pequi*

- 2 -

segurança alimentar

jatobás floridos

em fevereiro de chuva
e também veranicos

logo adiante, frutos duros
a gerar farinha
no combate à anemia

- 2 -

lebensmittelkontrolle

geblühte *jatobás*

im regnerischen
und auch trockenen februar

vor uns harte früchte,
um mehl gegen anämie
zu erzeugen

desde a infância

fatigadas lembranças

perambulam na esquina do tempo.

impiedosos adeuses

mascaram as despedidas.

como atravessar incólume

a soleira dos instantes,

o perfume das flores

e o dilacerante sem sentido

das mortes?

seit der kindheit

müde erinnerungen

wandern um die zeitecke.

gnadenlose abschieds

verstecken trennungen.

wie man unversehrt

die schwelle der augenblicke,

der duft von blumen

und das sinnlose zerreißen

                von todesfällen überquert?

es steht geschrieben

> "Doch ist das Tragische immer noch möglich, auch wenn
> die reine Tragödie nicht mehr möglich ist." Dürrenmatt.

sim, o povo não come.

sim, ainda há muita fome.

sim, o povo passa fome.

es steht geschrieben

      "Doch ist das Tragische immer noch möglich, auch wenn
die reine Tragödie nicht mehr möglich ist. " Dürrenmatt.

ja, die leute essen nicht.

ja, es gibt immer noch viel hunger.

ja, die leute haben hunger.

suspiro

clarividente, mostro os dentes.

é assim que se

atesta a qualidade dos cavalos.

ao primeiro relâmpago

seguro o medo e

aguardo o miraculoso estrondo do trovão.

sorrateiro, murmuro sombras

diante da página branca:

espelho vazio de mim.

o agora longevo frio inverno e

de céu azul, em breve explodirá

em flores brancas de cagaitas e ipês.

inocente, irei torcer

pelo fim do desmonte

da nossa frágil democracia.

seufzer

hellseher zeige ich meine zähne.

so wird

die qualität der pferde bestätigt.

beim ersten blitz

halte ich meine angst und

warte auf den wundersamen donnerschlag.

hinterhältig murmle ich schatten

auf der weißen seite:

leerer spiegel von mir.

der nun langlebige kalte winter und

der blaue himmel werden bald

in weißen blüten von *cagaitas* und *ipês* explodieren.

unschuldig, hoffe ich,

den abbau

unserer fragilen demokratie zu beenden.

SOBRE O AUTOR / ÜBER DEN AUTHOR

Marcos Freitas, nascido em 1963, estudou engenharia civil em Teresina e Fortaleza (Brasil), Göttingen e Hanover (Alemanha). De 1991 a 2018, atuou como professor de engenharia civil e ciência da computação na Universidade de Fortaleza. Mais de 20 livros de poemas publicados no Brasil e também no exterior tornaram seu trabalho conhecido internacionalmente. Ele mora em Brasília, desde 2001. É filiado à Associação Nacional de Escritores (ANE) e à União Brasileira de Escritores (UBE). Membro da Academia de Letras do Brasil (ALB). Blogs: https://www.amazon.com/Marcos-Freitas/e/B0735V21TV

Marcos Freitas, geboren 1963, studierte in Teresina und Fortaleza (Brasilien), Göttingen und Hannover (Deutschland) Bauingenierwesen. Von 1991 bis 2018 Lehrtätigkeit als Professor für Bauingenierwesen und Informatik an der Universität von Fortaleza. Mehr als 20 Gedichte Bücher im In- und Ausland machten sein Werk auch international bekannt. Er lebt seit 2001 in Brasília. Er ist Mitglied der National Association of Writers (ANE) und der Brazilian Union of Writers (UBE). Mitglied der Academia de Letras do Brasil (ALB). Blogs: https://www.amazon.com/Marcos-Freitas/e/B0735V21TV